I0697970

Bist du bereit, die Welt der Memes zu erobern und dabei noch Geld zu verdienen?

Dann ist der "Meme-Meister" Kurs genau das Richtige für dich! Unter der Anleitung von Michael Kotzur, einem erfahrenen Social-Media-Experten, wirst du lernen, wie du mit Künstlicher Intelligenz einzigartige und virale Memes erstellst. Egal, ob du Anfänger bist oder deine Fähigkeiten erweitern möchtest, dieser Kurs bietet dir eine umfassende Schritt-für-Schritt Anleitung.

Jetzt Meme Workshop Sichern!

Nutze jetzt die Chance und verwandle deine Leidenschaft für Humor in eine profitable Karriere. Klicke hier und sichere dir deinen persönlichen Zugang zum "Meme-Meister" Kurs. Starte deine Reise zum Meme-Experten noch heute!

https://michael-kotzur.de/meme-meister/

Table Of Contents

Kapitel 1: Einführung in das Influencer-Marketing auf Social Media

Die Bedeutung des Influencer-Marketings für Unternehmen

Das Influencer-Marketing hat sich in den letzten Jahren zu einer der effektivsten und beliebtesten Marketingstrategien entwickelt, insbesondere für Unternehmen, die ihre Produkte oder Dienstleistungen online bewerben möchten. In der heutigen digitalen Ära, in der soziale Medien wie Instagram, Facebook und TikTok eine immer größere Rolle spielen, können Unternehmen von der Reichweite und Glaubwürdigkeit der Influencer profitieren, um ihre Zielgruppe zu erreichen.

Die Bedeutung des Influencer-Marketings liegt vor allem in der Fähigkeit der Influencer, authentische und vertrauenswürdige Inhalte zu erstellen, die bei ihrer Fangemeinde einen bleibenden Eindruck hinterlassen. Im Gegensatz zu herkömmlichen Werbemethoden werden Influencer als "echte Menschen" wahrgenommen, die ihre Meinungen und Erfahrungen mit ihren Followern teilen. Dadurch entsteht eine persönliche Verbindung zwischen Influencer und Follower, was die Glaubwürdigkeit der beworbenen Produkte oder Dienstleistungen erhöht.

Für Unternehmen bietet das Influencer-Marketing eine einzigartige Möglichkeit, ihre Marke bekannt zu machen und ihr Produkt direkt an ihre Zielgruppe zu vermarkten. Durch die Zusammenarbeit mit relevanten Influencern können Unternehmen ihre Reichweite erweitern und neue potenzielle Kunden erreichen. Darüber hinaus kann Influencer-Marketing dabei helfen, das Vertrauen und die Loyalität der Kunden zu stärken, da Empfehlungen von Influencern oft als vertrauenswürdiger angesehen werden als herkömmliche Werbung.

Besonders im Bereich des Meme-Influencer-Marketings können Unternehmen von der humorvollen und unterhaltsamen Natur der Memes profitieren, um ihre Botschaft auf eine lockere und ansprechende Art und Weise zu vermitteln. Meme-Influencer haben oft eine große Anhängerschaft, die die viralen Inhalte teilt und verbreitet, was zu einer exponentiellen Reichweite führen kann.

Insgesamt ist das Influencer-Marketing ein wichtiger Bestandteil der Marketingstrategie für Unternehmen, die im Internet Geld verdienen möchten. Es bietet eine einzigartige Möglichkeit, die Zielgruppe effektiv anzusprechen, das Markenimage zu stärken und den Umsatz zu steigern. Durch die Zusammenarbeit mit Influencern können Unternehmen ihre Marketingziele erreichen und ihre Positionierung in der digitalen Welt festigen.

Die Entwicklung des Influencer-Marketings auf Social Media

In den letzten Jahren hat sich das Influencer-Marketing auf Social Media zu einer lukrativen Einnahmequelle für viele Menschen entwickelt. Vor allem auf Plattformen wie Instagram, Facebook und TikTok haben sich Influencer einen Namen gemacht und verdienen Geld, indem sie ihre Reichweite nutzen, um Produkte und Dienstleistungen zu bewerben.

Die Ursprünge des Influencer-Marketings gehen zurück auf den Aufstieg der Social Media Plattformen in den frühen 2000er Jahren. Menschen begannen, ihre persönlichen Geschichten und Erfahrungen online zu teilen, was zu einem exponentiellen Wachstum der Nutzerzahlen führte. Unternehmen erkannten schnell das Potenzial dieser neuen Plattformen und begannen, Influencer als Markenbotschafter einzusetzen.

Anfangs waren Influencer hauptsächlich Prominente oder Experten in bestimmten Bereichen wie Mode, Fitness oder Schönheit. Sie wurden dafür bezahlt, Produkte in ihren Beiträgen zu erwähnen oder zu empfehlen. Mit der Zeit erweiterte sich jedoch das Feld des Influencer-Marketings und es entstanden neue Nischen, darunter auch der Bereich der Meme-Influencer.

Meme-Influencer nutzen humorvolle und virale Inhalte, um ihre Zielgruppe anzusprechen. Sie erstellen lustige Bilder, Videos oder Texte, die schnell im Internet verbreitet werden und für Unterhaltung sorgen. Diese Art von Content hat sich besonders auf Plattformen wie Instagram, Facebook und TikTok als äußerst beliebt erwiesen.

Um als Meme-Influencer erfolgreich zu sein, ist es wichtig, eine treue und engagierte Fangemeinde aufzubauen. Das Erstellen von hochwertigem und relevantem Content ist der Schlüssel, um die Aufmerksamkeit der Nutzer zu gewinnen. Zudem ist es wichtig, mit den neuesten Trends und Memes Schritt zu halten, um stets aktuell und relevant zu bleiben.

Influencer-Marketing auf Social Media hat sich zu einer effektiven Werbestrategie entwickelt, die Unternehmen die Möglichkeit bietet, ihre Produkte und Dienstleistungen einem breiten Publikum vorzustellen. Für Leute, die Geld verdienen wollen im Internet, bietet das Influencer-Marketing als Meme-Influencer eine spannende Möglichkeit, ihre Leidenschaft für humorvolle Inhalte mit finanziellen Erfolgen zu verbinden.

Warum Meme-Influencer eine besondere Rolle spielen

In der heutigen digitalen Welt, in der soziale Medien den Ton angeben, haben sich neue Möglichkeiten für das Geldverdienen im Internet eröffnet. Eine solche Möglichkeit ist das Influencer-Marketing, das auf Plattformen wie Instagram, Facebook und TikTok immer beliebter wird. Der Begriff "Influencer" ist vielen bereits bekannt, aber haben Sie schon einmal von Meme-Influencern gehört?

Meme-Influencer spielen eine besondere Rolle im Influencer-Marketing, da sie eine einzigartige Nische bedienen. Memes sind in der heutigen Internetkultur allgegenwärtig und haben eine enorme Reichweite. Sie sind Bilder, Videos oder Texte, die sich schnell verbreiten und virale

Aufmerksamkeit erzeugen können. Meme-Influencer nutzen diese virale Natur von Memes, um ihre eigene Marke aufzubauen und Geld zu verdienen.

Die Rolle der Meme-Influencer besteht darin, ihre Follower mit unterhaltsamen und humorvollen Inhalten zu versorgen. Sie verstehen die Sprache des Internets, kennen die neuesten Memes und Trends und können diese geschickt in ihren Beiträgen einsetzen. Durch ihre Kreativität und Originalität schaffen sie es, eine große Anzahl von Menschen anzusprechen und ihre Beiträge zu teilen. Dadurch erhöhen sie nicht nur ihre eigene Reichweite, sondern auch die Sichtbarkeit der Marken, mit denen sie zusammenarbeiten.

Die Besonderheit der Meme-Influencer liegt in ihrer Fähigkeit, eine emotionale Verbindung zu ihren Followern herzustellen. Indem sie die aktuellen Themen und Trends aufgreifen und humorvoll verarbeiten, schaffen sie es, ihre Follower zum Lachen zu bringen und sie zum Teilen ihrer Beiträge zu animieren. Diese hohe Interaktionsrate macht sie für Marken besonders attraktiv, da sie ihre Botschaften auf eine authentische und unterhaltsame Weise verbreiten können.

Wenn Sie also Geld im Internet verdienen möchten und eine Affinität für Humor und Kreativität haben, könnte das Influencer-Marketing als Meme-Influencer genau das Richtige für Sie sein. Es erfordert jedoch Einsatz und Engagement, um Ihre eigene Marke aufzubauen und eine treue Fangemeinde zu gewinnen. Mit den richtigen Strategien und Kenntnissen über die Internetkultur können Sie jedoch erfolgreich als Meme-Influencer auf Social Media Seiten wie Instagram, Facebook und TikTok Geld verdienen.

Zielgruppe und Voraussetzungen für das Geldverdienen als Meme-Influencer

Um im Internet Geld zu verdienen, gibt es heutzutage viele Möglichkeiten. Eine besonders aufstrebende Nische ist das Influencer-Marketing, insbesondere das Geldverdienen als Meme-Influencer auf Social Media-Seiten wie Instagram, Facebook und TikTok. Doch wer genau sind die Menschen, die als Meme-Influencer erfolgreich sein können, und welche Voraussetzungen sollten sie mitbringen?

Die Zielgruppe für das Geldverdienen als Meme-Influencer sind Menschen, die Spaß am Erstellen und Teilen von Memes haben. Sie sind kreativ, haben einen Sinn für Humor und sind in der Lage, die aktuellen Trends und Memekulturen zu verstehen. Sie wissen, wie man mit Bildern, Videos und Texten umgeht, um die Aufmerksamkeit der Nutzer auf Social Media-Seiten zu gewinnen.

Ein weiterer wichtiger Aspekt ist die Kommunikationsfähigkeit. Meme-Influencer müssen in der Lage sein, ihre Inhalte wirkungsvoll zu vermitteln und mit ihrer Zielgruppe zu interagieren. Sie sollten in der Lage sein, Trends zu erkennen und schnell darauf zu reagieren, um relevant zu bleiben.

Darüber hinaus ist es von Vorteil, wenn Meme-Influencer über grundlegende Kenntnisse in den Bereichen Social Media und Online-Marketing verfügen. Sie sollten wissen, wie man die verschiedenen Plattformen effektiv nutzt und wie man seine Reichweite maximiert. Außerdem ist es wichtig, die Regeln und Richtlinien der Plattformen zu kennen, um Probleme zu vermeiden.

Ein weiterer Faktor, der den Erfolg als Meme-Influencer beeinflusst, ist die Fähigkeit, Beziehungen zu Marken und anderen Influencern aufzubauen. Die Zusammenarbeit mit Marken kann zu bezahlten Partnerschaften führen und die Reichweite des Meme-Influencers erheblich steigern.

Insgesamt ist das Geldverdienen als Meme-Influencer eine spannende Möglichkeit, im Internet Geld zu verdienen. Es erfordert jedoch eine gewisse Leidenschaft für Memes, Kreativität, Kommunikationsfähigkeit und ein grundlegendes Verständnis für Social Media und Online-Marketing. Mit den richtigen Voraussetzungen und einer guten Strategie können Meme-Influencer ihren Einfluss nutzen, um Einnahmen zu generieren und ihre Leidenschaft zum Beruf zu machen.

Kapitel 2: Die Grundlagen des Meme-Influencer-Marketings

Was sind Memes und wie wirken sie?

In der Welt des Influencer-Marketings haben sich Memes zu einer mächtigen und effektiven Form der Kommunikation entwickelt. Doch was sind Memes eigentlich und wie wirken sie?

Memes sind Bilder, Videos oder Texte, die sich viral verbreiten und häufig humorvolle oder ironische Inhalte transportieren. Sie sind in der Regel mit einem bestimmten Thema oder einer bestimmten Situation verbunden und werden schnell von Nutzern auf Social Media Plattformen wie Instagram, Facebook und TikTok geteilt.

Die Wirkung von Memes beruht auf ihrer Fähigkeit, Emotionen hervorzurufen und eine Verbindung zu den Nutzern herzustellen. Durch ihren humorvollen Charakter können sie die Aufmerksamkeit der Menschen schnell auf sich ziehen und sie zum Lachen bringen. Dieser positive Effekt sorgt dafür, dass Memes gerne geteilt und weiterverbreitet werden, was zu einer enormen Reichweite führt.

Als Meme-Influencer kannst du diese Wirkung nutzen, um Geld zu verdienen. Indem du interessante und witzige Memes erstellst und auf deinen Social Media Seiten teilst, kannst du eine große Anzahl von Followern gewinnen. Diese Follower sind potenzielle Kunden für Unternehmen, die auf der Suche nach Influencern sind, um ihre Produkte oder Dienstleistungen zu bewerben.

Um als Meme-Influencer erfolgreich zu sein, musst du jedoch mehr tun als nur lustige Memes zu erstellen. Du musst deine Zielgruppe genau kennen und verstehen, welche Art von Inhalten sie anspricht. Außerdem musst du aktiv in den sozialen Medien präsent sein, um mit deinen Followern zu interagieren und eine engagierte Community aufzubauen.

In diesem Kapitel werden wir uns genauer damit befassen, wie Memes funktionieren und wie du ihre Wirkung nutzen kannst, um als Meme-Influencer Geld zu verdienen. Du wirst lernen, wie du interessante Memes erstellst, wie du deine Reichweite erhöhst und wie du mit Unternehmen zusammenarbeitest, um deine Einnahmen zu steigern.

Bist du bereit, die Geheimnisse des Influencer-Marketings als Meme-Influencer auf Social Media zu entdecken? Dann tauche ein in die Welt der Memes und erfahre, wie du damit Geld verdienen kannst!

Die verschiedenen Arten von Meme-Influencern

In der Welt des Influencer-Marketings gibt es verschiedene Arten von Influencern, die mit ihren Inhalten auf Social Media Seiten wie Instagram, Facebook und TikTok Geld verdienen. Eine besonders beliebte Kategorie sind die Meme-Influencer. Diese Influencer haben sich darauf spezialisiert, unterhaltsame und virale Memes zu erstellen und mit ihrer Community zu teilen. Doch auch innerhalb dieser Kategorie gibt es unterschiedliche Arten von Meme-Influencern, die jeweils ihre eigenen Strategien und Stile haben.

1. Der Trendsetter: Dieser Meme-Influencer hat ein besonderes Gespür dafür, welche Memes gerade im Trend sind und welche Themen die Menschen gerade beschäftigen. Er oder sie ist immer auf dem neuesten Stand und schafft es, die Trends frühzeitig zu erkennen und kreative Inhalte zu produzieren. Der Trendsetter ist oft der Erste, der ein bestimmtes Meme kreiert und es viral gehen lässt.

2. Der Reaktionskünstler: Dieser Meme-Influencer hat eine besondere Fähigkeit, auf bereits existierende Memes zu reagieren und sie auf humorvolle Weise weiterzuentwickeln. Er oder sie nimmt die viralen Memes anderer und setzt einen eigenen humorvollen Twist darauf. Der Reaktionskünstler hat die Gabe, die Menschen zum Lachen zu bringen und dadurch eine große Anhängerschaft aufzubauen.

3. Der Nischenexperte: Dieser Meme-Influencer hat sich auf eine bestimmte Nische spezialisiert und kreiert Memes, die genau auf die Interessen und Vorlieben dieser Zielgruppe abgestimmt sind. Ob Gaming, Fashion, Fitness oder Ernährung - der Nischenexperte kennt seine Zielgruppe genau und weiß, welche Art von Memes bei ihnen gut ankommt. Dadurch kann er eine besonders engagierte und treue Community aufbauen.

4. Der Storyteller: Dieser Meme-Influencer verbindet Memes mit Geschichten und schafft es, eine emotionale Verbindung zu seiner Community aufzubauen. Er erzählt Geschichten, die die Menschen berühren und schafft es, die Memes in einen größeren Kontext einzubetten. Der Storyteller hat die Fähigkeit, seine Community zu inspirieren und zu motivieren.

Egal welche Art von Meme-Influencer man ist, es gibt viele Möglichkeiten, mit dieser Tätigkeit Geld zu verdienen. Von gesponserten Beiträgen und Produktplatzierungen bis hin zu eigenen Merchandise-Produkten - die Welt des Meme-Influencer-Marketings bietet viele Chancen für diejenigen, die Geld verdienen wollen im Internet.

Die Bedeutung von Humor und Viralität

Humor und Viralität spielen eine entscheidende Rolle im Influencer-Marketing auf Social Media Seiten wie Instagram, Facebook und TikTok. Als Meme-Influencer ist es besonders wichtig, die richtige Mischung aus Humor und viralem Potenzial zu finden, um erfolgreich Geld zu verdienen.

Humor ist ein mächtiges Werkzeug, um die Aufmerksamkeit der Nutzer zu gewinnen und eine starke Verbindung zu ihnen aufzubauen. Memes sind dafür bekannt, Menschen zum Lachen zu bringen und sie emotional anzusprechen. Indem du humorvolle Inhalte erstellst, die deine Zielgruppe ansprechen, kannst du eine loyale Fangemeinde aufbauen und somit deine Reichweite und deinen Einfluss auf Social Media steigern.

Viralität ist ein weiterer Schlüsselfaktor für den Erfolg als Meme-Influencer. Wenn deine Inhalte viral werden, verbreiten sie sich wie ein Lauffeuer und erreichen ein breites Publikum. Dies kann zu einer erhöhten Sichtbarkeit, mehr Followern und letztendlich zu mehr Einnahmen führen. Um viral zu werden, musst du Inhalte erstellen, die sich schnell verbreiten lassen und von vielen Menschen geteilt werden wollen. Trendige Themen, aktuelle Ereignisse oder kontroverse Diskussionen können dabei helfen, virale Inhalte zu generieren.

Es ist wichtig, den richtigen Ton und die passende Stimmung für deine Memes zu finden. Die Art des Humors kann je nach Zielgruppe und Plattform variieren. Was auf TikTok funktioniert, muss nicht unbedingt auf Instagram oder Facebook funktionieren. Daher ist es entscheidend, die Vorlieben und das Verhalten deiner Zielgruppe auf den verschiedenen Plattformen zu verstehen und Inhalte zu erstellen, die zu ihnen passen.

Zusammenfassend lässt sich sagen, dass Humor und Viralität zwei wesentliche Faktoren sind, um als Meme-Influencer auf Social Media erfolgreich Geld zu verdienen. Durch den Einsatz von Humor kannst du eine starke Verbindung zu deiner Zielgruppe aufbauen und ihre Aufmerksamkeit gewinnen. Viralität ermöglicht es dir, eine breite Reichweite zu erzielen und deine Fangemeinde zu vergrößern. Indem du den richtigen Ton und die passende Stimmung für deine Memes findest und Inhalte erstellst, die sich schnell verbreiten lassen, kannst du das Potenzial des Influencer-Marketings voll ausschöpfen und finanziell erfolgreich sein.

Der Aufbau einer Meme-Marke auf Social Media

In der heutigen digitalen Ära haben sich die Möglichkeiten des Geldverdienens radikal verändert. Das Internet bietet eine Vielzahl von Optionen, um online Einkommen zu generieren. Eine der aufstrebenden Nischen ist das Influencer-Marketing auf Social Media. Insbesondere das Verdienen von Geld als Meme-Influencer eröffnet neue Horizonte für diejenigen, die gerne mit Humor und Kreativität arbeiten.

Eine Meme-Marke auf Social Media aufzubauen erfordert eine strategische Herangehensweise und ein tiefes Verständnis der Online-Community. Der erste Schritt besteht darin, Ihre Zielgruppe zu definieren. Wer sind diejenigen, die Ihre Memes lieben und teilen werden? Welche Plattformen nutzen sie am häufigsten? Sind sie hauptsächlich auf Instagram, Facebook oder TikTok aktiv? Sobald Sie Ihre Zielgruppe kennen, können Sie gezielt Inhalte erstellen, die auf deren Vorlieben und Interessen abgestimmt sind.

Die Qualität Ihrer Memes ist entscheidend für den Erfolg Ihrer Meme-Marke. Achten Sie darauf, dass Ihre Memes originell, lustig und aktuell sind. Das Internet ist ein schnelllebiges Umfeld, und Trends kommen und gehen. Bleiben Sie auf dem Laufenden und setzen Sie auf aktuelle Themen, um das Interesse Ihrer Zielgruppe aufrechtzuerhalten.

Eine weitere wichtige Komponente beim Aufbau einer Meme-Marke ist die Interaktion mit Ihrer Community. Nutzen Sie die Kommentarfunktionen auf den verschiedenen Plattformen, um mit Ihren Followern in Kontakt zu treten. Beantworten Sie Fragen, nehmen Sie an Diskussionen teil und zeigen Sie, dass Sie Ihre Community schätzen. Dies wird nicht nur Ihre Bindung zu Ihren Followern stärken, sondern auch das Engagement und die Reichweite Ihrer Inhalte erhöhen.

Der Aufbau einer Meme-Marke auf Social Media erfordert Zeit, Geduld und Ausdauer. Es ist wichtig, kontinuierlich zu wachsen und sich weiterzuentwickeln. Nutzen Sie die Analysetools der Plattformen, um das Verhalten Ihrer Zielgruppe zu verstehen und Ihre Strategie entsprechend anzupassen. Seien Sie bereit, neue Trends und Plattformen zu erkunden, um Ihre Marke zu erweitern und neue Einkommensmöglichkeiten zu erschließen.

Insgesamt bietet das Influencer-Marketing als Meme-Influencer auf Social Media Seiten wie Instagram, Facebook und TikTok eine spannende Möglichkeit, Geld im Internet zu verdienen. Mit der richtigen Strategie und einer engagierten Community können Sie Ihre Meme-Marke aufbauen und erfolgreich sein. Seien Sie kreativ, authentisch und bereit, die Chancen zu nutzen, die das digitale Zeitalter bietet.

Kapitel 3: Die Plattformen für Meme-Influencer

Instagram als führende Plattform für Meme-Influencer

In den letzten Jahren hat sich Instagram als eine der führenden Plattformen für Influencer-Marketing etabliert. Insbesondere für Meme-Influencer bietet diese Social Media Seite eine Fülle von Möglichkeiten, um Geld zu verdienen. Mit Millionen von aktiven Nutzern weltweit und einer starken Fokussierung auf visuelle Inhalte ist Instagram der ideale Ort, um lustige und unterhaltsame Memes zu teilen und eine engagierte Fangemeinde aufzubauen.

Als Meme-Influencer auf Instagram gibt es verschiedene Wege, um Einnahmen zu generieren. Eine beliebte Methode ist die Zusammenarbeit mit Marken und Unternehmen, um gesponserte Inhalte zu erstellen. Durch die Integration von Produkten oder Dienstleistungen in ihre Memes können Meme-Influencer ihre Reichweite nutzen, um potenzielle Kunden anzusprechen und die Markenbekanntheit zu steigern. Diese Art der Zusammenarbeit kann sowohl finanzielle Vorteile bieten als auch die Glaubwürdigkeit des Meme-Influencers stärken.

Eine weitere Möglichkeit, Geld auf Instagram als Meme-Influencer zu verdienen, ist der Verkauf von Merchandise. Durch das Erstellen eigener Designs und den Verkauf von T-Shirts, Tassen oder anderen Produkten mit lustigen Memes können Meme-Influencer ihre Fangemeinde direkt ansprechen und gleichzeitig ihr Einkommen steigern. Der Vorteil hierbei ist, dass die Fans nicht nur die Inhalte des Meme-Influencers unterstützen, sondern auch ein Stück davon besitzen können.

Darüber hinaus bietet Instagram auch die Möglichkeit, über Affiliate-Marketing Geld zu verdienen. Meme-Influencer können Partnerprogramme nutzen, um Produkte oder Dienstleistungen zu bewerben und Provisionen für

jeden Kauf zu verdienen, der über ihren einzigartigen Affiliate-Link getätigt
wird. Dies kann eine lukrative Möglichkeit sein, da Meme-Influencer oft eine
hohe Engagement-Rate haben und ihre Follower ihren Empfehlungen
vertrauen.

Instagram ist zweifellos die führende Plattform für Meme-Influencer, um Geld
zu verdienen. Mit der richtigen Strategie, einer starken Fangemeinde und
kreativen Inhalten können Meme-Influencer auf Instagram erfolgreich sein
und ihr Einkommen ausbauen. Es ist jedoch wichtig zu beachten, dass der
Erfolg als Meme-Influencer Zeit und Engagement erfordert. Eine sorgfältige
Planung, regelmäßige Interaktion mit der Community und die kontinuierliche
Verbesserung der Inhalte sind der Schlüssel zum Aufbau einer erfolgreichen
Karriere als Meme-Influencer auf Instagram.

Die Möglichkeiten des Geldverdienens auf Instagram

In der heutigen digitalen Ära hat sich das Internet zu einem Ort entwickelt, an
dem Menschen auf vielfältige Weise Geld verdienen können. Eine der
aufstrebenden Methoden, um Einkommen zu generieren, ist das Influencer-
Marketing auf Social-Media-Plattformen wie Instagram, Facebook und
TikTok. Insbesondere das monetarisieren von Inhalten als Meme-Influencer
erweist sich als äußerst lukrativ.

Als Meme-Influencer können Sie Ihre Kreativität und Ihren Sinn für Humor
nutzen, um eine große Fangemeinde aufzubauen. Diejenigen, die Geld
verdienen wollen im Internet, sollten sich bewusst sein, dass Instagram eine
der besten Plattformen ist, um dies zu erreichen. Mit über einer Milliarde
aktiver Nutzer pro Monat bietet Instagram eine enorme Reichweite und
Vielfalt an Zielgruppen.

Es gibt verschiedene Möglichkeiten, als Meme-Influencer auf Instagram Geld
zu verdienen. Eine beliebte Methode besteht darin, Partnerprogramme und
Affiliate-Marketing zu nutzen. Durch die Zusammenarbeit mit Marken und

Unternehmen können Sie deren Produkte oder Dienstleistungen bewerben und im Gegenzug eine Provision erhalten. Dies kann entweder durch Affiliate-Links oder spezielle Rabattcodes erfolgen, die Ihren Followern angeboten werden.

Eine weitere Möglichkeit, Einnahmen zu erzielen, besteht darin, gesponserte Beiträge zu veröffentlichen. Wenn Sie eine große und engagierte Fangemeinde haben, können Marken Ihnen anbieten, ihre Produkte oder Dienstleistungen in Ihren Beiträgen zu bewerben. Dies kann in Form von Bildern, Videos oder Stories geschehen. Es ist wichtig, dass diese Art von Werbung als solche gekennzeichnet wird, um die Transparenz gegenüber Ihren Followern zu wahren.

Zusätzlich können Sie auch eigene Merchandise-Produkte wie T-Shirts, Tassen oder Handyhüllen erstellen und über Ihren Instagram-Account verkaufen. Dies ermöglicht es Ihnen, Ihre Marke zu stärken und gleichzeitig zusätzliche Einnahmen zu generieren.

Das Geldverdienen auf Instagram erfordert jedoch Engagement, Konsistenz und Qualität bei Ihren Inhalten. Es ist wichtig, Ihre Zielgruppe zu verstehen und Inhalte zu produzieren, die diese ansprechen. Durch den Aufbau einer starken Online-Präsenz und die Schaffung von Mehrwert für Ihre Follower können Sie langfristig erfolgreich als Meme-Influencer Geld verdienen.

Insgesamt bieten Social-Media-Plattformen wie Instagram immense Möglichkeiten, um als Meme-Influencer Geld zu verdienen. Mit Kreativität, Engagement und einer klaren Strategie können Sie Ihren Online-Erfolg maximieren und Ihre finanziellen Ziele im Internet erreichen.

Facebook als weiteres Potenzial für Meme-Influencer

In der heutigen digitalen Ära ist Social Media zu einem wichtigen Instrument geworden, um Geld zu verdienen. Insbesondere das Influencer-Marketing hat sich als ein lukratives Geschäftsfeld etabliert. Eine aufstrebende Nische in diesem Bereich ist das Meme-Influencing. Meme-Influencer nutzen humorvolle und virale Inhalte, um ihre Reichweite aufzubauen und mit Marken zusammenzuarbeiten. Während Instagram und TikTok als beliebte Plattformen für Meme-Influencer gelten, bietet auch Facebook großes Potenzial.

Facebook ist mit über 2,8 Milliarden monatlich aktiven Nutzern eine der größten Social Media Plattformen der Welt. Diese enorme Nutzerbasis bietet Meme-Influencern die Möglichkeit, ihre Inhalte einem breiten Publikum zugänglich zu machen und ihre Reichweite zu erweitern. Durch die Nutzung von Facebook können Meme-Influencer ihre Inhalte gezielt an verschiedene Zielgruppen richten und so ihre Markenbekanntheit steigern.

Ein weiterer Vorteil von Facebook für Meme-Influencer ist die Möglichkeit, virale Inhalte schnell zu verbreiten. Durch das Teilen von Memes auf Facebook können Meme-Influencer ihre Inhalte innerhalb kürzester Zeit einer großen Anzahl von Benutzern präsentieren. Dies kann zu einer schnellen Steigerung der Reichweite und des Engagements führen, was wiederum die Chancen für Kooperationen mit Marken erhöht.

Darüber hinaus bietet Facebook verschiedene Tools und Funktionen, die Meme-Influencern helfen können, ihre Inhalte zu optimieren. Die Plattform ermöglicht es Influencern, ihre Inhalte gezielt zu planen, Zielgruppen zu analysieren und den Erfolg ihrer Beiträge zu messen. Durch die Nutzung dieser Funktionen können Meme-Influencer ihre Strategien verbessern und ihre Inhalte effektiver gestalten.

Insgesamt bietet Facebook als Plattform für Meme-Influencer eine Vielzahl von Möglichkeiten, um Geld zu verdienen. Durch die gezielte Ausrichtung von Inhalten, das schnelle Teilen von viralen Memes und die Nutzung von Tools und Funktionen können Meme-Influencer ihre Reichweite erhöhen, ihre Marke stärken und Kooperationen mit Marken eingehen. Wenn Sie also daran interessiert sind, im Internet Geld zu verdienen und sich im Influencer-

Marketing zu engagieren, sollten Sie Facebook als ein weiteres Potenzial für Ihren Erfolg als Meme-Influencer in Betracht ziehen.

Der Aufstieg von TikTok und seine Chancen für Meme-Influencer

In der heutigen digitalen Welt hat das Influencer-Marketing eine enorme Bedeutung erlangt. Immer mehr Menschen versuchen, durch die Nutzung sozialer Medien wie Instagram, Facebook und TikTok Geld zu verdienen. Eine aufstrebende Nische innerhalb des Influencer-Marketings ist die des Meme-Influencers.

Memes sind in den letzten Jahren zu einem festen Bestandteil der Online-Kultur geworden. Diese lustigen und oft viralen Bilder, Videos oder Texte verbreiten sich rasant im Internet und erreichen Millionen von Menschen. TikTok hat sich besonders als Plattform für das Teilen von Memes etabliert und eröffnet somit auch Meme-Influencern neue Chancen.

TikTok bietet eine einzigartige Möglichkeit, kreative und humorvolle Inhalte zu erstellen und mit der breiten Nutzerbasis zu teilen. Meme-Influencer können ihre eigenen Memes erstellen oder bereits bestehende Memes remixen und so ihre eigene Marke aufbauen. Durch die Verwendung von Hashtags und Trends können sie ihre Reichweite erhöhen und neue Follower gewinnen.

Ein weiterer Vorteil von TikTok für Meme-Influencer ist die hohe Sichtbarkeit. TikTok-Algorithmen bevorzugen unterhaltsame Inhalte, die die Nutzer länger auf der Plattform halten. Wenn ein Meme-Influencer in der Lage ist, lustige und ansprechende Inhalte zu produzieren, besteht eine große Chance, dass sein Video auf der Explore-Seite oder sogar im "Für dich" - Bereich angezeigt wird. Dadurch können sie eine noch größere Reichweite erzielen und potenzielle Geschäftspartner auf sich aufmerksam machen.

Die Einnahmemöglichkeiten für Meme-Influencer auf TikTok sind vielfältig. Neben der Zusammenarbeit mit Marken für gesponserte Inhalte können sie auch durch den Verkauf von Merchandise oder die Monetarisierung ihrer Videos über TikTok-Partnerprogramme Geld verdienen. Die wachsende Beliebtheit von TikTok und die steigende Nachfrage nach unterhaltsamen Inhalten bieten Meme-Influencern eine vielversprechende Chance, ihre Leidenschaft in ein profitables Geschäft umzuwandeln.

Um als Meme-Influencer erfolgreich zu sein, ist es wichtig, kontinuierlich kreative und qualitativ hochwertige Inhalte zu produzieren. Die Fähigkeit, Trends zu erkennen und sich an aktuelle Memes anzupassen, ist ebenfalls entscheidend. Darüber hinaus ist es wichtig, eine engagierte Community aufzubauen und mit den Followern zu interagieren.

Der Aufstieg von TikTok hat das Influencer-Marketing revolutioniert und bietet Meme-Influencern neue Möglichkeiten, Geld im Internet zu verdienen. Wenn Sie daran interessiert sind, Ihre Leidenschaft für Memes in eine Einkommensquelle zu verwandeln, sollten Sie TikTok als Plattform für Ihre Inhalte in Betracht ziehen. Mit Kreativität, Engagement und einer guten Strategie können Sie Ihre Präsenz als Meme-Influencer auf TikTok aufbauen und erfolgreich Geld verdienen.

Kapitel 4: Erfolgreiches Content-Management als Meme-Influencer

Die Bedeutung von qualitativem und relevantem Content

In der heutigen digitalen Welt ist qualitativer und relevanter Content der Schlüssel zum Erfolg für alle, die im Internet Geld verdienen möchten. Besonders für Influencer-Marketing auf Social Media Plattformen wie Instagram, Facebook und TikTok ist dies von größter Bedeutung. Als Meme-Influencer ist es entscheidend, Inhalte zu produzieren, die nicht nur unterhaltsam sind, sondern auch einen Mehrwert bieten und die Zielgruppe ansprechen.

Qualitativer Content bezieht sich auf Inhalte, die gut recherchiert, gut geschrieben und professionell präsentiert sind. Als Meme-Influencer sollten Sie sicherstellen, dass Ihre Memes gut gestaltet sind, sowohl visuell als auch in Bezug auf den Text. Ein schlecht gestaltetes Meme kann schnell an Relevanz verlieren und die Glaubwürdigkeit Ihres Kontos beeinträchtigen. Investieren Sie daher Zeit und Mühe in die Gestaltung Ihrer Memes, um sicherzustellen, dass sie hochwertig und ansprechend sind.

Relevanter Content ist ebenfalls von großer Bedeutung. Sie sollten sicherstellen, dass Ihre Inhalte mit den Interessen und Vorlieben Ihrer Zielgruppe übereinstimmen. Als Meme-Influencer sollten Sie die aktuellen Trends und Themen im Auge behalten und diese in Ihre Memes einbeziehen. Dadurch können Sie sicherstellen, dass Ihre Inhalte relevant und ansprechend für Ihr Publikum sind.

Darüber hinaus sollten Sie auch sicherstellen, dass Ihr Content einzigartig ist. Die Konkurrenz im Influencer-Marketing ist hoch, daher ist es wichtig, sich von anderen abzuheben. Finden Sie Ihre Nische und entwickeln Sie einen eigenen Stil, der Sie von anderen Meme-Influencern unterscheidet. Dies wird dazu beitragen, dass Ihr Content einzigartig und unverwechselbar ist.

Insgesamt ist die Bedeutung von qualitativem und relevantem Content für den Erfolg als Meme-Influencer nicht zu unterschätzen. Investieren Sie Zeit und Mühe in die Erstellung hochwertiger und ansprechender Inhalte, die Ihre Zielgruppe begeistern und unterhalten. Nur so können Sie sich von der Konkurrenz abheben und langfristig erfolgreich sein.

Die richtige Nutzung von Hashtags und Trends

Hashtags sind heutzutage ein integraler Bestandteil des Influencer-Marketings auf Social-Media-Plattformen wie Instagram, Facebook und TikTok. Sie dienen dazu, Inhalte zu kategorisieren und sie für ein breiteres Publikum sichtbar zu machen. Wenn Sie als Meme-Influencer Geld verdienen möchten, ist die richtige Verwendung von Hashtags und Trends unerlässlich.

Ein Hashtag ist im Grunde genommen ein Schlagwort, das mit einem Doppelkreuz (#) gekennzeichnet wird. Indem Sie relevante und populäre Hashtags in Ihren Beiträgen verwenden, erhöhen Sie die Chancen, dass Ihre Inhalte von anderen Nutzern gefunden werden. Es ist wichtig, Hashtags zu wählen, die zu Ihrem Meme-Inhalt passen und von Ihrer Zielgruppe verwendet werden. Recherchieren Sie, welche Hashtags in Ihrer Nische beliebt sind und verwenden Sie diese gezielt in Ihren Beiträgen.

Darüber hinaus sollten Sie Trends auf Social-Media-Plattformen im Auge behalten und sie geschickt in Ihre Inhalte integrieren. Trends können in Form von viralen Challenges, Memes oder bestimmten Themen auftreten. Indem Sie Trends in Ihre Beiträge einbeziehen, steigern Sie die Wahrscheinlichkeit, dass Ihre Inhalte von anderen Nutzern geteilt und viral werden.

Es ist jedoch wichtig, Trends authentisch zu nutzen und zu vermeiden, einfach nur mit der Masse mitzugehen. Ihre Inhalte sollten weiterhin Ihren eigenen Stil und Ihre Persönlichkeit widerspiegeln, während Sie die aktuellen Trends nutzen. Menschen, die Geld im Internet verdienen möchten, suchen nach einzigartigen und ansprechenden Inhalten. Indem Sie Ihre eigenen Ideen und Perspektiven in die aktuellen Trends einbringen, können Sie sich von der Masse abheben und eine treue Follower-Basis aufbauen.

Die richtige Nutzung von Hashtags und Trends erfordert Zeit und Recherche. Bleiben Sie kontinuierlich auf dem Laufenden über die neuesten Entwicklungen in Ihrer Nische und passen Sie Ihre Inhalte entsprechend an. Durch die strategische Nutzung von Hashtags und Trends können Sie als Meme-Influencer auf Social-Media-Plattformen wie Instagram, Facebook und TikTok erfolgreich Geld verdienen und Ihre Reichweite erweitern.

Die Interaktion mit der Community als Schlüssel zum Erfolg

In der Welt des Influencer-Marketings ist die Interaktion mit der Community von entscheidender Bedeutung für den Erfolg. Als Meme-Influencer auf Social Media Seiten wie Instagram, Facebook und TikTok ist es besonders wichtig, eine starke und engagierte Community aufzubauen, um erfolgreich Geld verdienen zu können.

Die Community besteht aus den Menschen, die Ihnen auf den sozialen Medien folgen, Ihre Inhalte mögen, kommentieren und teilen. Sie sind Ihre treuen Anhänger und potenzielle Kunden. Um Ihre Community zu stärken und zu erweitern, müssen Sie sich aktiv mit ihnen auseinandersetzen.

Eine effektive Möglichkeit, die Interaktion mit Ihrer Community zu fördern, besteht darin, regelmäßig hochwertige und unterhaltsame Inhalte zu liefern. Als Meme-Influencer ist Humor Ihr Kapital. Erstellen Sie lustige Memes, Videos oder Bilder, die Ihre Follower zum Lachen bringen und gleichzeitig Ihre Botschaft vermitteln. Indem Sie Ihre Community mit relevanten und ansprechenden Inhalten versorgen, werden Sie ihre Aufmerksamkeit und Interaktion gewinnen.

Ein weiterer wichtiger Aspekt der Interaktion mit der Community ist die aktive Kommunikation. Nehmen Sie sich Zeit, um die Kommentare und Nachrichten Ihrer Follower zu lesen und darauf zu reagieren. Zeigen Sie, dass Sie ihre Meinungen und Fragen schätzen und dass Sie sich darum kümmern. Durch den direkten Austausch mit Ihrer Community können Sie eine persönliche Beziehung aufbauen und das Vertrauen Ihrer Follower gewinnen.

Darüber hinaus sollten Sie auch auf die Bedürfnisse und Wünsche Ihrer Community eingehen. Bitten Sie um Feedback, Fragen Sie nach ihren Vorlieben und Interessen. Indem Sie auf die Bedürfnisse Ihrer Follower eingehen, können Sie Inhalte erstellen, die sie ansprechen und begeistern.

Die Interaktion mit der Community als Meme-Influencer ist der Schlüssel zum Erfolg im Influencer-Marketing. Indem Sie Ihre Community aktiv einbinden und sich um sie kümmern, können Sie eine loyale Anhängerschaft aufbauen und Ihre Chancen erhöhen, mit Ihren Social-Media-Aktivitäten Geld zu verdienen. Investieren Sie Zeit und Energie in die Interaktion mit Ihrer Community, und Sie werden die Früchte Ihrer Bemühungen ernten.

Content-Planung und -Strategien für langfristigen Erfolg

Die Content-Planung und -Strategien spielen eine entscheidende Rolle für den langfristigen Erfolg als Meme-Influencer auf Social Media. Wenn du Geld verdienen möchtest im Internet und insbesondere im Bereich des Influencer-Marketings als Meme-Influencer auf Plattformen wie Instagram, Facebook und TikTok, ist es wichtig, deine Inhalte sorgfältig zu planen und eine effektive Strategie zu entwickeln.

Ein gut durchdachter Content-Plan ermöglicht es dir, deine Zielgruppe besser zu erreichen und eine starke Bindung zu ihr aufzubauen. Du solltest regelmäßig neue Inhalte erstellen und diese in einem ausgewogenen Verhältnis präsentieren. Dazu gehören nicht nur lustige Memes, sondern auch informative oder inspirierende Beiträge. Durch eine abwechslungsreiche Gestaltung deines

Contents kannst du die Interaktion deiner Follower steigern und ihre Aufmerksamkeit langfristig gewinnen.

Eine Content-Strategie umfasst auch die Auswahl der richtigen Themen und Trends. Als Meme-Influencer bist du davon abhängig, dass deine Inhalte viral gehen und von vielen Menschen geteilt werden. Daher ist es wichtig, immer auf dem neuesten Stand zu sein und aktuelle Trends zu erkennen. Verfolge die Entwicklungen in der Meme-Kultur und in den sozialen Medien genau und passe deine Inhalte entsprechend an. Indem du dich an aktuellen Themen beteiligst und diese mit deinem einzigartigen Humor verbindest, kannst du deine Reichweite erweitern und neue Follower gewinnen.

Neben der Planung und Auswahl der Inhalte ist auch die Konsistenz ein entscheidender Faktor für den langfristigen Erfolg als Meme-Influencer. Bleibe deinem Stil treu und baue eine starke Markenidentität auf. Deine Follower sollten deine Beiträge sofort erkennen können und sich mit deinem Content identifizieren. Dies schafft Vertrauen und Loyalität, was sich langfristig in einer größeren Reichweite und besseren Kooperationsmöglichkeiten auszahlt.

Eine effektive Content-Planung und -Strategie ist daher unerlässlich, wenn du als Meme-Influencer auf Social Media langfristigen Erfolg erzielen möchtest. Setze auf abwechslungsreiche Inhalte, aktuelle Trends und eine konsistente Markenidentität, um deine Reichweite zu steigern und als Influencer Geld zu verdienen.

Kapitel 5: Monetarisierungsmöglichkeiten für Meme-Influencer

Kooperationen mit Marken und Unternehmen

Die Zusammenarbeit mit Marken und Unternehmen ist eine der effektivsten Möglichkeiten, als Meme-Influencer auf Social-Media-Plattformen wie Instagram, Facebook und TikTok Geld zu verdienen. In diesem Kapitel werden wir uns eingehend mit diesem Thema befassen und Ihnen die Geheimnisse des erfolgreichen Influencer-Marketings offenbaren.

Kooperationen mit Marken bieten nicht nur die Möglichkeit, Ihr Einkommen zu steigern, sondern auch Ihre Reichweite zu erhöhen und eine engagierte Fangemeinde aufzubauen. Wenn Sie als Meme-Influencer eine treue Anhängerschaft aufgebaut haben, werden Marken und Unternehmen auf Sie aufmerksam und möchten mit Ihnen zusammenarbeiten, um ihre Produkte oder Dienstleistungen zu bewerben.

Der erste Schritt besteht darin, Ihre Nische als Meme-Influencer zu definieren und eine klare Identität aufzubauen. Marken suchen nach Influencern, deren Werte und Botschaften mit ihren eigenen übereinstimmen. Indem Sie Ihre Persönlichkeit und Ihren Stil authentisch präsentieren, werden Sie für Marken attraktiver und können langfristige Kooperationen aufbauen.

Es gibt verschiedene Arten von Kooperationen, die Sie mit Marken und Unternehmen eingehen können. Von gesponserten Beiträgen und Produktplatzierungen bis hin zu Affiliate-Marketing und exklusiven Partnerschaften - die Möglichkeiten sind vielfältig. Wichtig ist, dass Sie nur mit Marken zusammenarbeiten, die zu Ihrer Marke passen und deren Produkte oder Dienstleistungen Sie selbst schätzen.

Eine erfolgreiche Kooperation erfordert eine enge Zusammenarbeit mit der Marke. Sie sollten Ihre Zielgruppe genau kennen und verstehen, was Ihre Follower von Ihnen erwarten. Indem Sie hochwertigen Content erstellen und Ihre persönliche Note einbringen, können Sie die Aufmerksamkeit der Follower auf die beworbene Marke lenken und so den Erfolg der Kooperation steigern.

Denken Sie jedoch daran, dass Transparenz gegenüber Ihren Followern oberste Priorität hat. Kennzeichnen Sie gesponserte Beiträge deutlich und kommunizieren Sie offen über Ihre Kooperationen. Ihre Authentizität und Glaubwürdigkeit sind entscheidend für den langfristigen Erfolg als Meme-Influencer.

In diesem Kapitel werden wir Ihnen auch praktische Tipps geben, wie Sie Kooperationen mit Marken und Unternehmen erfolgreich verhandeln können. Von der Preisgestaltung bis hin zur Vertragsverhandlung werden wir Ihnen helfen, das Beste aus Ihren Kooperationen herauszuholen und langfristige Partnerschaften aufzubauen.

Bereit, Ihr Einkommen als Meme-Influencer zu steigern? Lassen Sie uns gemeinsam in die spannende Welt der Kooperationen mit Marken und Unternehmen eintauchen und die Geheimnisse des erfolgreichen Influencer-Marketings auf Social Media enthüllen.

Affiliate-Marketing als zusätzliche Einnahmequelle

Eine effektive Methode, um als Meme-Influencer auf Social Media Seiten wie Instagram, Facebook und TikTok zusätzliches Geld zu verdienen, ist das Affiliate-Marketing. In diesem Kapitel werden wir uns damit beschäftigen, wie du diese lukrative Einnahmequelle nutzen kannst, um dein Einkommen zu steigern.

Was ist Affiliate-Marketing?

Beim Affiliate-Marketing arbeitest du mit Unternehmen zusammen, um deren Produkte oder Dienstleistungen zu bewerben. Du erhältst einen speziellen Affiliate-Link, den du in deinen Meme-Posts einfügst. Wenn deine Follower auf diesen Link klicken und anschließend einen Kauf tätigen, erhältst du eine Provision. Es ist eine Win-Win-Situation, da du Geld verdienst, während das Unternehmen mehr Kunden gewinnt.

Wie kannst du Affiliate-Marketing in deinem Meme-Influencer-Business nutzen?

Zunächst einmal solltest du dich nach Unternehmen umsehen, die zu deinem Meme-Inhalte passen. Wenn du beispielsweise lustige T-Shirts oder Accessoires in deinen Posts verwendest, könntest du mit einem Online-Shop für Merchandise zusammenarbeiten. Stelle sicher, dass du Produkte auswählst, von denen du überzeugt bist und die zu deiner Zielgruppe passen.

Sobald du eine Partnerschaft mit einem Unternehmen eingegangen bist, beginne, deren Produkte in deinen Meme-Posts zu bewerben. Verwende deinen Affiliate-Link, um deine Follower dazu zu ermutigen, das Produkt zu kaufen. Du könntest auch Rabattcodes oder Sonderangebote anbieten, um den Kaufanreiz zu erhöhen.

Es ist wichtig, ehrlich und transparent mit deinen Followern zu sein. Markiere deine Affiliate-Posts entsprechend und erkläre, dass du eine Provision für jeden Kauf erhältst. Deine Follower werden dies zu schätzen wissen und verstehen, dass du auch Geld verdienen musst.

Denke daran, dass Affiliate-Marketing Zeit und Geduld erfordert. Baue eine Vertrauensbasis zu deinen Followern auf, indem du nur hochwertige Produkte bewirbst, die du selbst verwenden würdest. So wirst du langfristig erfolgreich sein und eine zuverlässige Einnahmequelle aufbauen.

Fazit

Affiliate-Marketing ist eine großartige Möglichkeit, um als Meme-Influencer auf Social Media zusätzliches Geld zu verdienen. Nutze diese Einnahmequelle, um dein Einkommen zu steigern und dein Business weiter auszubauen. Wähle sorgfältig die Unternehmen aus, mit denen du zusammenarbeitest, und sei transparent gegenüber deinen Followern. Mit Geduld und Ausdauer wirst du auf lange Sicht erfolgreich sein und die Vorteile des Affiliate-Marketings genießen können.

Denke daran: Du kannst Geld verdienen, während du deine Leidenschaft als Meme-Influencer auslebst!

Erstellung und Verkauf eigener Merchandise-Produkte

Das Erstellen und der Verkauf eigener Merchandise-Produkte ist eine hervorragende Möglichkeit für Meme-Influencer, ihr Einkommen zu steigern und ihre Marke weiter auszubauen. In diesem Kapitel werden wir uns genauer mit dieser lukrativen Einnahmequelle befassen und Ihnen wertvolle Tipps und Strategien geben, wie Sie erfolgreich eigene Merchandise-Produkte kreieren und vermarkten können.

Der erste Schritt bei der Erstellung eigener Merchandise-Produkte ist die Auswahl eines einzigartigen und ansprechenden Designs. Als Meme-Influencer haben Sie bereits eine treue Fangemeinde, die Ihre Inhalte liebt. Nutzen Sie dieses Potenzial, um ein Design zu entwickeln, das Ihre Persönlichkeit und Ihren Stil widerspiegelt. Seien Sie kreativ und denken Sie darüber nach, was Ihre Zielgruppe ansprechen würde.

Sobald Sie ein Design erstellt haben, können Sie verschiedene Produkte in Betracht ziehen, die Sie in Ihrem Merchandise-Sortiment anbieten möchten. T-Shirts, Hoodies, Tassen und Handyhüllen sind nur einige Beispiele für beliebte Merchandise-Artikel. Achten Sie darauf, hochwertige Produkte auszuwählen, die Ihren Fans gefallen und gleichzeitig Ihren Markenwert steigern.

Um den Verkauf Ihrer Merchandise-Produkte zu erleichtern, sollten Sie eine eigene E-Commerce-Plattform erstellen. Es gibt viele Online-Marktplätze und Plattformen, die Ihnen dabei helfen können, Ihren eigenen Online-Shop zu erstellen. Vergessen Sie nicht, Ihre Produkte ansprechend zu präsentieren und klare Informationen über Preise, Größen und Versandoptionen bereitzustellen.

Die Vermarktung Ihrer Merchandise-Produkte ist ein entscheidender Schritt, um potenzielle Kunden zu erreichen. Nutzen Sie Ihre Social-Media-Kanäle, um Ihre Produkte zu bewerben. Erstellen Sie ansprechende Posts und Stories, die Ihre Fans zum Kauf anregen. Bieten Sie exklusive Rabatte und Sonderaktionen an, um die Nachfrage zu steigern.

Denken Sie daran, dass der Erfolg beim Erstellen und Verkaufen eigener Merchandise-Produkte Zeit und Engagement erfordert. Bleiben Sie konsequent und experimentieren Sie mit verschiedenen Strategien, um herauszufinden, was am besten für Ihre Marke funktioniert. Mit Geduld und Ausdauer können Sie mit Ihrem Merchandise-Geschäft eine zusätzliche Einnahmequelle erschließen und Ihre Position als Meme-Influencer weiter festigen.

Die Bedeutung von Analytics und Reporting für die Monetarisierung

In der heutigen digitalen Welt ist das Influencer-Marketing zu einem der lukrativsten Geschäftsfelder geworden. Insbesondere das Meme-Influencing auf Social Media Plattformen wie Instagram, Facebook und TikTok erfreut sich immer größerer Beliebtheit. Wenn Sie zu denjenigen gehören, die Geld im Internet verdienen wollen und sich im Bereich des Influencer-Marketings spezialisieren möchten, dann ist dieses Kapitel genau das Richtige für Sie.

Analytics und Reporting spielen eine entscheidende Rolle bei der Monetarisierung Ihrer Meme-Inhalte. Durch die Analyse Ihrer Daten erhalten Sie wertvolle Einblicke in das Verhalten Ihrer Zielgruppe. Sie erfahren, welche Beiträge am besten funktionieren, welche Trends sich abzeichnen und wie gut Ihre Inhalte bei Ihren Followern ankommen.

Ein umfassendes Verständnis Ihrer Analytics-Daten ermöglicht es Ihnen, Ihre Inhalte gezielt zu optimieren und Ihre Reichweite zu maximieren. Sie können beispielsweise herausfinden, zu welcher Tageszeit Ihre Beiträge die größte Resonanz erzielen oder welche Hashtags am effektivsten sind, um Ihre Zielgruppe anzusprechen. Durch das Sammeln und Analysieren von Daten können Sie Ihre Inhalte kontinuierlich verbessern und Ihre Followerzahl steigern.

Neben der Analyse ist auch das Reporting ein wichtiger Bestandteil der Monetarisierung. Indem Sie regelmäßig Berichte über Ihre Leistung erstellen, können Sie potenziellen Kooperationspartnern Ihre Reichweite und Wirkungskraft präsentieren. Ein gut strukturierter Report gibt Einblicke in Kennzahlen wie Follower-Wachstum, Engagement-Raten und Impressions. Diese Informationen sind für Unternehmen von großem Interesse, da sie Aufschluss über die Wirksamkeit Ihrer Influencer-Arbeit geben.

Analytics und Reporting sind somit unverzichtbare Werkzeuge für angehende Meme-Influencer, die ihr Einkommen im Internet generieren möchten. Durch die gezielte Auswertung Ihrer Daten können Sie Ihre Inhalte optimieren, Ihre Reichweite steigern und potenzielle Kooperationspartner von Ihrer Wirkungskraft überzeugen. Nutzen Sie diese Möglichkeiten, um sich im Influencer-Marketing als erfolgreicher Meme-Influencer zu etablieren und Geld zu verdienen.

Kapitel 6: Die rechtlichen Aspekte des Meme-Influencer-Marketings

Kennzeichnungspflichten und Transparenz für Meme-Influencer

Im Zeitalter des digitalen Marketings hat sich das Influencer-Marketing zu einem kraftvollen Instrument entwickelt, um Produkte und Dienstleistungen über Social Media Plattformen wie Instagram, Facebook und TikTok zu bewerben. Eine spezielle Nische innerhalb dieses Bereichs sind die Meme-Influencer, die mit witzigen und viralen Inhalten die Aufmerksamkeit ihrer Zielgruppe auf sich ziehen. Du möchtest ebenfalls als Meme-Influencer Geld verdienen und die Geheimnisse des Influencer-Marketings auf Social Media lüften? Dann solltest du dich auch über die Kennzeichnungspflichten und die Transparenzregeln für Meme-Influencer informieren.

Die Kennzeichnungspflichten stellen sicher, dass die Beiträge und Empfehlungen der Meme-Influencer transparent und für die Follower erkennbar sind. Dies ist insbesondere wichtig, da das Influencer-Marketing häufig auf Vertrauen und Authentizität basiert. Als Meme-Influencer solltest du also deutlich machen, wenn es sich bei einem Beitrag um eine bezahlte Kooperation oder Werbung handelt. Dies kann beispielsweise durch den Einsatz von Hashtags wie #Werbung oder #Anzeige geschehen. Die genaue Kennzeichnungspflicht kann je nach Plattform variieren, daher ist es wichtig, die Richtlinien der einzelnen Social Media Seiten zu beachten.

Darüber hinaus ist Transparenz ein entscheidender Faktor für den Erfolg als Meme-Influencer. Deine Follower sollten wissen, ob du für ein bestimmtes Produkt oder eine Dienstleistung bezahlt wurdest oder ob du es aus eigener Überzeugung empfiehlst. Dies schafft Vertrauen und sorgt dafür, dass deine Follower die Werbebotschaften als authentisch wahrnehmen.

Ein weiterer Aspekt der Transparenz betrifft die Offenlegung von Affiliate-Links. Wenn du als Meme-Influencer Affiliatelinks verwendest und Provisionen für Verkäufe erhältst, solltest du auch dies klar kennzeichnen. Verwende beispielsweise den Hashtag #Affiliate, um deine Follower darauf hinzuweisen.

Als angehender Meme-Influencer ist es essenziell, die Kennzeichnungspflichten und die Transparenzregeln zu verstehen und zu befolgen. Indem du diese Vorgaben einhältst, baust du Vertrauen auf und förderst eine langfristige und erfolgreiche Zusammenarbeit mit Marken und Unternehmen. Bleibe authentisch und ehrlich gegenüber deinen Followern, denn das ist der Schlüssel zum Erfolg als Meme-Influencer im Influencer-Marketing auf Social Media Seiten wie Instagram, Facebook und TikTok.

Urheberrechte und die Verwendung von Memes

In der Welt des Influencer-Marketings auf Social Media ist die Verwendung von Memes zu einem beliebten Mittel geworden, um eine breite Zielgruppe anzusprechen und Geld zu verdienen. Memes sind humorvolle Bilder oder Videos, die oft viral gehen und sich schnell verbreiten. Als Meme-Influencer können Sie diese Memes nutzen, um Ihre Botschaften zu kommunizieren und Ihre Reichweite zu erhöhen.

Allerdings ist es wichtig, die Urheberrechte im Zusammenhang mit der Verwendung von Memes zu beachten. Urheberrechte schützen die Rechte des Urhebers eines Werkes und geben ihm das Recht, darüber zu entscheiden, wie es verwendet wird. Das bedeutet, dass Sie nicht einfach ein Meme verwenden können, das Sie im Internet gefunden haben, ohne die Erlaubnis des Urhebers einzuholen.

Um Urheberrechtsverletzungen zu vermeiden, sollten Sie immer sicherstellen, dass Sie die erforderlichen Rechte haben, um ein Meme zu verwenden. Dies kann bedeuten, dass Sie den Urheber direkt kontaktieren und um Erlaubnis bitten, das Meme zu nutzen. In einigen Fällen kann der Urheber Ihnen eine Lizenz zur Nutzung des Memes gegen eine Gebühr erteilen.

Alternativ können Sie auch nach Memes suchen, die unter einer Creative Commons-Lizenz stehen. Diese Lizenzen erlauben es Ihnen, das Meme zu verwenden, solange Sie den Urheber korrekt angeben und die Bedingungen der Lizenz einhalten.

Es ist wichtig zu beachten, dass die Verwendung von Memes ohne die erforderlichen Rechte zu rechtlichen Konsequenzen führen kann, wie zum Beispiel Geldstrafen oder Schadenersatzforderungen. Deshalb sollten Sie immer sicherstellen, dass Sie die Urheberrechte respektieren und die entsprechenden Genehmigungen einholen, bevor Sie ein Meme verwenden.

Als Meme-Influencer können Sie jedoch auch selbst zum Urheber von Memes werden. Indem Sie eigene Memes erstellen, haben Sie die volle Kontrolle über deren Verwendung und können sie uneingeschränkt nutzen, um Geld zu verdienen. Denken Sie daran, Ihre Memes zu kennzeichnen und zu schützen, um sicherzustellen, dass andere sie nicht ohne Ihre Erlaubnis verwenden.

Insgesamt ist die Verwendung von Memes eine effektive Möglichkeit, als Meme-Influencer auf Social Media Geld zu verdienen. Indem Sie die Urheberrechte respektieren und entweder die erforderlichen Genehmigungen einholen oder eigene Memes erstellen, können Sie erfolgreich im Influencer-Marketing tätig sein und Ihre Zielgruppe begeistern.

Verträge und Vereinbarungen mit Kooperationspartnern

Um als Meme-Influencer auf Social Media Seiten wie Instagram, Facebook und TikTok erfolgreich Geld zu verdienen, ist es wichtig, strategische Partnerschaften mit Unternehmen und Marken einzugehen. Diese Kooperationspartner ermöglichen es Ihnen, Ihre Reichweite zu erweitern, Ihr Publikum zu vergrößern und letztendlich mehr Einnahmen zu generieren.

Damit diese Zusammenarbeit erfolgreich verläuft, ist es unerlässlich, Verträge und Vereinbarungen mit Ihren Kooperationspartnern abzuschließen.

Ein Vertrag ist ein rechtsgültiges Dokument, das die Rechte und Pflichten beider Parteien regelt. Es stellt sicher, dass beide Seiten ihre Erwartungen erfüllen und dass die Zusammenarbeit fair und transparent abläuft. In einem Vertrag sollten wichtige Punkte wie die Art der Zusammenarbeit, die Vergütung, die Dauer der Kooperation sowie die Nutzung von Inhalten und geistigem Eigentum festgehalten werden.

Bevor Sie einen Vertrag abschließen, ist es ratsam, eine gründliche Recherche über potenzielle Kooperationspartner durchzuführen. Überprüfen Sie deren Ruf, ihre bisherigen Kooperationen und stellen Sie sicher, dass ihre Werte und Botschaften mit Ihren eigenen übereinstimmen. Eine gute Partnerschaft sollte auf gegenseitigem Vertrauen und einer gemeinsamen Vision basieren.

Sobald Sie den richtigen Kooperationspartner gefunden haben, können Sie einen Vertrag entwerfen. Es ist empfehlenswert, einen Rechtsanwalt hinzuzuziehen, um sicherzustellen, dass der Vertrag rechtlich einwandfrei ist und Ihre Interessen schützt. Denken Sie daran, dass ein Vertrag auch flexibel sein sollte, um Änderungen oder Anpassungen während der Zusammenarbeit zu ermöglichen.

Neben Verträgen können auch Vereinbarungen mit Kooperationspartnern getroffen werden. Diese können informeller sein als Verträge, bieten jedoch dennoch eine klare Struktur für die Zusammenarbeit. Vereinbarungen können beispielsweise die Art und Weise der Promotion, die Verwendung von Hashtags oder die Nutzung von Werbematerialien regeln.

Insgesamt sind Verträge und Vereinbarungen mit Kooperationspartnern von entscheidender Bedeutung, um eine erfolgreiche Karriere als Meme-Influencer aufzubauen. Sie schaffen klare Richtlinien, schützen Ihre Interessen und ermöglichen eine langfristige und fruchtbare Zusammenarbeit mit Unternehmen und Marken. Investieren Sie die Zeit und Mühe in die

Gestaltung solcher Vereinbarungen, um Ihre Chancen auf finanziellen Erfolg im Internet zu maximieren.

Steuerliche Pflichten und Buchführung für Meme-Influencer

Als Meme-Influencer auf Social Media Seiten wie Instagram, Facebook und TikTok Geld zu verdienen, ist heutzutage eine beliebte Möglichkeit, Einkommen im Internet zu generieren. Doch während sich der Fokus oft auf die kreative Seite des Influencer-Marketings konzentriert, ist es wichtig, die steuerlichen Pflichten und die Buchführung nicht zu vernachlässigen. In diesem Abschnitt werden wir die wichtigsten Aspekte dieser Themen beleuchten.

Als Meme-Influencer sind Sie ein Selbstständiger und müssen Ihre Einnahmen entsprechend versteuern. Es ist ratsam, sich frühzeitig mit einem Steuerberater in Verbindung zu setzen, um sicherzustellen, dass Sie alle steuerlichen Anforderungen erfüllen. Sie sollten Ihre Einnahmen und Ausgaben genau erfassen und Belege sorgfältig aufbewahren. Dazu gehören beispielsweise Einnahmen aus Kooperationen, Werbung oder Produktempfehlungen. Indem Sie Ihre Finanzen im Blick behalten, können Sie mögliche Steuervorteile nutzen und potenzielle Probleme vermeiden.

Eine ordnungsgemäße Buchführung ist unerlässlich, um den Überblick über Ihre Einnahmen und Ausgaben zu behalten. Sie können entweder eine Buchhaltungssoftware verwenden oder einen professionellen Buchhalter engagieren, der Ihnen bei der Erstellung von Gewinn- und Verlustrechnungen sowie der Erstellung Ihrer Steuererklärung hilft. Eine saubere Buchführung erleichtert nicht nur Ihre steuerlichen Verpflichtungen, sondern ermöglicht es Ihnen auch, den Erfolg Ihrer Influencer-Marketing-Kampagnen zu analysieren und zu optimieren.

Darüber hinaus sollten Sie sich mit den steuerlichen Regelungen für Ihre Tätigkeit als Meme-Influencer vertraut machen. Dies beinhaltet die korrekte

Kennzeichnung von Werbung und gesponserten Inhalten, da dies auch steuerliche Auswirkungen haben kann. Informieren Sie sich über die aktuell geltenden Richtlinien und stellen Sie sicher, dass Sie transparent und ehrlich gegenüber Ihrer Community sind.

Die Beachtung Ihrer steuerlichen Pflichten und eine sorgfältige Buchführung sind entscheidend, um langfristig erfolgreich als Meme-Influencer tätig zu sein. Indem Sie sich mit diesen Themen auseinandersetzen und professionelle Unterstützung in Anspruch nehmen, können Sie sich auf Ihre kreative Arbeit konzentrieren und gleichzeitig eine solide finanzielle Basis schaffen.

Kapitel 7: Wachstum und langfristiger Erfolg als Meme-Influencer

Die Bedeutung von Zielsetzungen und strategischer Planung

In der Welt des Influencer-Marketings auf Social Media ist es von entscheidender Bedeutung, klare Zielsetzungen zu definieren und eine strategische Planung zu entwickeln. Als angehender Meme-Influencer, der Geld verdienen möchte, ist es unerlässlich, diese Prinzipien zu verstehen und anzuwenden.

Zielsetzungen dienen als Leitfaden für Ihre Handlungen und helfen Ihnen dabei, Ihre langfristigen Ziele zu erreichen. Bevor Sie Ihre Reise als Meme-Influencer beginnen, sollten Sie sich Zeit nehmen, um zu überlegen, was Sie erreichen möchten. Möchten Sie Ihre Reichweite erhöhen, Ihre Follower-Zahlen steigern oder mit Marken zusammenarbeiten? Indem Sie sich klare Ziele setzen, können Sie Ihre Bemühungen gezielt darauf ausrichten.

Eine strategische Planung ermöglicht es Ihnen, Ihre Ziele zu erreichen, indem Sie einen klaren Weg definieren, wie Sie dorthin gelangen. Analyse Ihrer Zielgruppe, Identifizierung von Trends und die Entwicklung einer Content-Strategie sind nur einige der Aspekte, die in Ihre Planung einfließen sollten. Indem Sie Ihre Inhalte und Ihre Präsenz auf den verschiedenen Plattformen strategisch gestalten, können Sie Ihr Potenzial als Meme-Influencer voll ausschöpfen.

Ein weiterer wichtiger Aspekt der strategischen Planung ist die Kontinuität. Kontinuierliches Engagement und regelmäßige Aktualisierung Ihrer Inhalte sind entscheidend, um Ihre Follower zu halten und neue zu gewinnen. Durch

die Festlegung eines Redaktionsplans und die Einbindung Ihrer Community
können Sie Ihre Reichweite und Ihren Einfluss maximieren.

Letztendlich ist die Bedeutung von Zielsetzungen und strategischer Planung
für angehende Meme-Influencer unbestreitbar. Indem Sie Ihre Ziele definieren
und eine klare strategische Planung entwickeln, können Sie Ihre Chancen auf
Erfolg im Influencer-Marketing erheblich verbessern. Nutzen Sie diese
Werkzeuge, um Ihr Potenzial als Meme-Influencer auf Plattformen wie
Instagram, Facebook und TikTok zu entfalten und Geld im Internet zu
verdienen.

Die Weiterentwicklung der eigenen Marke als Meme-Influencer

In der heutigen digitalen Welt gibt es unzählige Möglichkeiten, Geld im
Internet zu verdienen. Eine besonders aufstrebende Nische ist das Influencer-
Marketing, speziell als Meme-Influencer auf Social Media Seiten wie
Instagram, Facebook und TikTok. Doch wie kann man als Meme-Influencer
erfolgreich werden und seine Marke weiterentwickeln?

Der erste Schritt zur Weiterentwicklung der eigenen Marke als Meme-
Influencer ist die Identifikation einer einzigartigen Stimme und eines
unverwechselbaren Stils. Memes sind bekannt für ihren humorvollen und oft
sarkastischen Inhalt. Um hervorzustechen, ist es wichtig, einen individuellen
und originellen Ansatz zu finden. Dies kann durch die Verwendung
spezifischer Humorarten, Bildsprache oder bestimmter Themen erreicht
werden.

Ein weiterer wichtiger Aspekt ist die kontinuierliche Interaktion mit der
Zielgruppe. Als Meme-Influencer ist es entscheidend, eine starke Bindung zu
den Followern aufzubauen. Dies kann durch das Beantworten von
Kommentaren, das Teilen von Inhalten der Community oder das Einbeziehen
der Follower in die Erstellung neuer Memes geschehen. Je mehr die Follower

sich mit der Marke verbunden fühlen, desto eher werden sie die Inhalte teilen und weiterverbreiten.

Um die eigene Marke als Meme-Influencer weiterzuentwickeln, ist auch eine ständige Beobachtung und Anpassung an die aktuellen Trends notwendig. Die Memekultur entwickelt sich ständig weiter, und es ist wichtig, auf dem neuesten Stand zu bleiben. Indem man sich regelmäßig über aktuelle Memes und Trends informiert und diese in die eigenen Inhalte einfließen lässt, kann man sicherstellen, dass die Marke relevant und ansprechend bleibt.

Neben der internen Weiterentwicklung ist es auch wichtig, die eigene Marke nach außen zu präsentieren. Dies kann durch die Zusammenarbeit mit anderen Influencern, das Teilnehmen an Events oder die Verwendung von gebrandeten Merchandise-Produkten geschehen. Durch diese Maßnahmen wird die Sichtbarkeit der Marke erhöht und neue Follower können gewonnen werden.

Insgesamt ist die Weiterentwicklung der eigenen Marke als Meme-Influencer ein fortlaufender Prozess, der Zeit, Engagement und Kreativität erfordert. Durch das Finden einer individuellen Stimme, die Interaktion mit der Community, das Anpassen an Trends und die gezielte Präsentation der Marke kann man jedoch erfolgreich als Meme-Influencer Geld verdienen und sich in diesem aufstrebenden Bereich etablieren.

Der Umgang mit Herausforderungen und Krisen

In der Welt des Influencer-Marketings auf Social Media gibt es immer wieder Herausforderungen und Krisen, mit denen man konfrontiert werden kann. Als Meme-Influencer, der darauf abzielt, auf Plattformen wie Instagram, Facebook und TikTok Geld zu verdienen, ist es wichtig, diese Hindernisse zu erkennen und effektive Strategien zu entwickeln, um ihnen zu begegnen.

Eine der größten Herausforderungen, mit der Meme-Influencer konfrontiert werden, ist die ständige Veränderung der Social Media Landschaft. Neue

Plattformen entstehen und alte Plattformen ändern ihre Algorithmen, was sich auf die Reichweite und das Engagement der Inhalte auswirken kann. Um diesen Herausforderungen zu begegnen, ist es wichtig, immer auf dem neuesten Stand zu bleiben und die Trends und Veränderungen in der Branche zu verfolgen. Indem man sich kontinuierlich weiterbildet und sich an die sich wandelnden Bedürfnisse des Publikums anpasst, kann man erfolgreich bleiben.

Eine weitere Herausforderung, mit der Meme-Influencer konfrontiert werden, sind negative Kommentare und Kritik. Im Internet gibt es immer Menschen, die ihre Meinungen äußern und manchmal können diese Meinungen hart sein. Es ist wichtig, einen respektvollen Umgang mit solchen Kommentaren zu pflegen und sich nicht davon entmutigen zu lassen. Das Publikum schätzt Ehrlichkeit und Authentizität, also ist es wichtig, bei der Bewältigung von Kritik transparent und professionell zu bleiben.

Krisen können auch in Form von Kontroversen oder Skandalen auftreten. Es ist wichtig, in solchen Situationen schnell zu handeln und Verantwortung zu übernehmen. Offene Kommunikation mit dem Publikum und die Bereitschaft, aus Fehlern zu lernen, können helfen, das Vertrauen wiederherzustellen und die Krise zu überwinden.

Der Umgang mit Herausforderungen und Krisen erfordert eine starke mentale Einstellung und Durchhaltevermögen. Es ist wichtig, sich auf das große Ziel zu konzentrieren und Rückschläge als Lernerfahrungen zu betrachten. Mit der richtigen Einstellung und den richtigen Strategien können Meme-Influencer erfolgreich bleiben und weiterhin Geld verdienen im Internet.

Insgesamt gilt es, flexibel und anpassungsfähig zu sein, um den ständigen Veränderungen und Herausforderungen des Influencer-Marketings gerecht zu werden. Indem man diese Hindernisse als Chancen betrachtet und sich kontinuierlich weiterentwickelt, kann man als Meme-Influencer auf Social Media erfolgreich sein und Geld verdienen.

Tipps und Tricks von erfolgreichen Meme-Influencern

In diesem Kapitel werden wir uns mit den Tipps und Tricks von erfolgreichen Meme-Influencern befassen. Wenn Sie davon träumen, Geld im Internet zu verdienen und Ihr Glück im Bereich des Influencer-Marketings zu versuchen, dann sind Sie hier genau richtig. Meme-Influencer sind in den sozialen Medien sehr gefragt und haben die Möglichkeit, mit ihrer Kreativität und ihrem Humor eine große Anzahl von Followern anzusprechen.

Der erste Tipp, den wir von erfolgreichen Meme-Influencern lernen können, ist die Konzentration auf eine Nische. Finden Sie Ihr Spezialgebiet und erstellen Sie Inhalte, die zu dieser Nische passen. Wenn Sie sich auf eine bestimmte Thematik fokussieren, werden Sie eher von den richtigen Menschen entdeckt und können eine treue Anhängerschaft aufbauen.

Ein weiterer wichtiger Trick ist die Konsistenz. Veröffentlichen Sie regelmäßig neue Inhalte, um Ihre Follower bei Laune zu halten. Meme-Influencer, die es geschafft haben, eine große Anzahl von Followern zu gewinnen, posten oft mehrmals am Tag und halten ihre Community damit aktiv und engagiert.

Darüber hinaus ist es wichtig, Trends zu erkennen und in Ihre Inhalte einzubinden. Bleiben Sie auf dem neuesten Stand und nutzen Sie aktuelle Themen oder Memes, um Ihre Reichweite zu erhöhen. Indem Sie auf aktuelle Ereignisse reagieren, zeigen Sie Ihren Followern, dass Sie am Puls der Zeit sind.

Ein weiterer Tipp ist die Interaktion mit Ihrer Community. Beantworten Sie Kommentare, gehen Sie auf Feedback ein und zeigen Sie Interesse an Ihren Followern. Eine persönliche Bindung zu Ihren Fans aufzubauen, wird Ihnen helfen, eine loyale und engagierte Community aufzubauen.

Zuletzt sollten Sie sich über die verschiedenen Plattformen informieren und herausfinden, auf welchen Kanälen Ihre Zielgruppe am aktivsten ist. Ob Instagram, Facebook oder TikTok - jeder Kanal hat seine eigenen Besonderheiten und Regeln. Indem Sie die Stärken der Plattformen nutzen, können Sie Ihre Reichweite maximieren und mehr Geld verdienen.

Indem Sie diese Tipps und Tricks von erfolgreichen Meme-Influencern befolgen, werden Sie auf dem besten Weg sein, im Influencer-Marketing erfolgreich zu sein und Geld im Internet zu verdienen. Seien Sie kreativ, bleiben Sie am Ball und haben Sie Spaß dabei, Ihre Follower zum Lachen zu bringen!

Kapitel 8: Ausblick: Die Zukunft des Meme-Influencer-Marketings

Die sich verändernde Landschaft des Influencer-Marketings

In den letzten Jahren hat sich das Influencer-Marketing zu einer der profitabelsten Möglichkeiten entwickelt, um online Geld zu verdienen. Insbesondere für Leute, die gerne auf Social Media Seiten wie Instagram, Facebook und TikTok aktiv sind, eröffnen sich hierbei viele neue Chancen. Doch wie sieht die sich verändernde Landschaft des Influencer-Marketings aus und wie können angehende Meme-Influencer davon profitieren?

Zunächst einmal ist es wichtig zu verstehen, dass sich die Anforderungen an Influencer ständig weiterentwickeln. Früher ging es hauptsächlich darum, eine große Anzahl an Followern zu haben. Heutzutage ist es jedoch entscheidend, eine engagierte und loyale Community aufzubauen. Marken suchen vermehrt nach Influencern, die eine persönliche Verbindung zu ihren Followern haben und authentische Inhalte liefern können.

Ein weiterer wichtiger Aspekt ist die zunehmende Professionalisierung des Influencer-Marketings. Unternehmen investieren immer mehr Geld in diese Form des Marketings und erwarten im Gegenzug professionelle Leistungen von den Influencern. Das bedeutet, dass Influencer ihre Fähigkeiten und ihr Wissen ständig verbessern müssen, um konkurrenzfähig zu bleiben. Es ist ratsam, sich über die neuesten Trends und Tools im Influencer-Marketing auf dem Laufenden zu halten, um erfolgreich zu sein.

Darüber hinaus hat sich auch die Art der Zusammenarbeit zwischen Influencern und Marken verändert. Früher beschränkte sich die Zusammenarbeit hauptsächlich auf einzelne bezahlte Posts oder gesponserte Inhalte. Heute suchen Marken vermehrt nach langfristigen Partnerschaften und

Kooperationen mit Influencern. Dies bietet den Vorteil einer langfristigen Einkommensquelle und einer stärkeren Bindung zu den Followern.

Als angehender Meme-Influencer auf Social Media Seiten wie Instagram, Facebook und TikTok gibt es viele Möglichkeiten, Geld zu verdienen. Die Herausforderung besteht darin, sich in dieser sich verändernden Landschaft des Influencer-Marketings zu behaupten. Indem man eine engagierte Community aufbaut, sich professionell weiterentwickelt und langfristige Partnerschaften mit Marken eingeht, kann man erfolgreich sein und Geld verdienen.

Insgesamt bietet das Influencer-Marketing als Meme-Influencer auf Social Media Seiten wie Instagram, Facebook und TikTok eine aufregende und lukrative Möglichkeit, im Internet Geld zu verdienen. Es erfordert jedoch Engagement, Professionalität und die Bereitschaft, sich den sich verändernden Anforderungen anzupassen. Mit der richtigen Strategie und dem richtigen Einsatz kann man als Meme-Influencer im Influencer-Marketing erfolgreich sein und seine Ziele erreichen.

Neue Plattformen und Trends für Meme-Influencer

In der heutigen digitalen Welt gibt es ständig neue Plattformen und Trends, die sich als äußerst profitabel für Meme-Influencer erweisen können. Als jemand, der Geld verdienen möchte im Internet, ist es wichtig, immer auf dem neuesten Stand zu bleiben und diese Plattformen und Trends zu nutzen, um das Beste aus Ihrem Meme-Influencer-Business herauszuholen.

Eine der wichtigsten Plattformen, auf der Meme-Influencer erfolgreich sein können, ist Instagram. Mit einer großen Nutzerbasis und einer Vielzahl von Tools und Funktionen, die speziell für Influencer entwickelt wurden, bietet Instagram eine Fülle von Möglichkeiten, um Geld zu verdienen. Von gesponserten Beiträgen und Produktplatzierungen bis hin zu Affiliate-

Marketing und dem Verkauf von Merchandise - Instagram ist ein wahres
Paradies für Meme-Influencer.

Eine weitere aufstrebende Plattform, die für Meme-Influencer von Interesse
sein könnte, ist TikTok. Mit seinen kurzen, unterhaltsamen Videos hat TikTok
eine große Anhängerschaft gewonnen und bietet eine einzigartige Möglichkeit,
virale Memes zu erstellen und zu teilen. Durch die Nutzung der richtigen
Hashtags und Trends können Meme-Influencer auf TikTok schnell an
Popularität gewinnen und ihre Reichweite erweitern.

Darüber hinaus sollten Meme-Influencer auch Facebook im Auge behalten.
Obwohl Facebook oft als Plattform für ältere Nutzer angesehen wird, gibt es
immer noch eine große Menge an jüngeren Nutzern, die aktive Meme-
Konsumenten sind. Durch das Erstellen von Facebook-Seiten und das Teilen
von Memes können Meme-Influencer eine engagierte Fangemeinde aufbauen
und potenzielle Einnahmequellen wie gesponserte Beiträge und
Partnerschaften erschließen.

Neben den Plattformen gibt es auch Trends, die Meme-Influencer im Auge
behalten sollten. Zum Beispiel erfreuen sich Nischen-Memes, die sich auf
spezifische Interessensgebiete konzentrieren, immer größerer Beliebtheit.
Indem Sie sich auf eine bestimmte Nische spezialisieren, können Meme-
Influencer eine treue Anhängerschaft aufbauen und sich als Experte in diesem
Bereich etablieren.

Insgesamt ist es entscheidend, dass Meme-Influencer die neuen Plattformen
und Trends im Auge behalten, um ihr Geschäft erfolgreich zu führen. Durch
die Nutzung von Instagram, TikTok, Facebook und anderen aufkommenden
Plattformen und Trends können Meme-Influencer ihre Reichweite erweitern
und neue Einnahmequellen erschließen. Also seien Sie mutig, experimentieren
Sie und bleiben Sie immer auf dem neuesten Stand, um als Meme-Influencer
im Internet erfolgreich Geld zu verdienen.

Die Bedeutung von Authentizität und Nachhaltigkeit

In der heutigen digitalen Welt, in der das Influencer-Marketing einen beeindruckenden Aufschwung erlebt, sind Authentizität und Nachhaltigkeit zu entscheidenden Faktoren geworden. Insbesondere für diejenigen, die Geld im Internet verdienen möchten, sind diese beiden Aspekte von größter Bedeutung. Als Meme-Influencer auf Social-Media-Seiten wie Instagram, Facebook und TikTok ist es unerlässlich, dass du dich auf eine Weise präsentierst, die authentisch und nachhaltig ist.

Authentizität bedeutet, dass du du selbst bist und deine Persönlichkeit in deinen Beiträgen zum Ausdruck bringst. Deine Follower möchten eine Verbindung zu dir herstellen und deine Echtheit spüren. Sei ehrlich und transparent in dem, was du tust. Zeige, wer du wirklich bist, und sei nicht nur darauf aus, Geld zu verdienen. Es geht darum, eine Community aufzubauen und Menschen zu inspirieren. Wenn du authentisch bist, werden deine Follower dir vertrauen und dich unterstützen.

Darüber hinaus ist Nachhaltigkeit ein wichtiger Aspekt, den du als Meme-Influencer berücksichtigen solltest. Nachhaltigkeit bezieht sich nicht nur auf Umweltbelange, sondern auch auf den nachhaltigen Aufbau deiner Marke. Stelle sicher, dass du langfristige Beziehungen mit Marken und Unternehmen aufbaust, anstatt nur kurzfristige Partnerschaften einzugehen. Wähle sorgfältig die Produkte und Dienstleistungen aus, die du bewirbst, und achte darauf, dass sie mit deinen Werten und Überzeugungen im Einklang stehen. Deine Follower schätzen es, wenn du ehrlich bleibst und keine Kompromisse eingehst, nur um Geld zu verdienen.

Insgesamt sind Authentizität und Nachhaltigkeit die Grundpfeiler des Erfolgs als Meme-Influencer. Indem du dich selbst bleibst und deine Werte vertrittst, kannst du eine engagierte Community aufbauen, die dich unterstützt und dir folgt. Gleichzeitig ist es wichtig, dass du nachhaltige Entscheidungen triffst und langfristige Beziehungen aufbaust, um deinen Erfolg langfristig zu gewährleisten.

Lerne, die Bedeutung von Authentizität und Nachhaltigkeit zu schätzen und integriere sie in deine Influencer-Marketing-Strategie. Du wirst sehen, wie sich dein Erfolg steigert und wie du als Meme-Influencer auf Social-Media-Seiten immer mehr Geld verdienen kannst.

Fazit: Chancen und Herausforderungen für angehende Meme-Influencer

Das Influencer-Marketing hat in den letzten Jahren einen unglaublichen Boom erlebt. Immer mehr Menschen nutzen die sozialen Medien wie Instagram, Facebook und TikTok, um ihre Reichweite zu vergrößern und damit Geld zu verdienen. Eine besonders interessante Nische in diesem Bereich ist das Meme-Influencing. Doch welche Chancen und Herausforderungen erwarten angehende Meme-Influencer?

Eine der größten Chancen für angehende Meme-Influencer ist sicherlich die hohe Viralität von Memes. Durch den Einsatz von humorvollen und kreativen Inhalten haben Memes das Potenzial, sich rasend schnell im Internet zu verbreiten. Dadurch kann ein Meme-Influencer innerhalb kürzester Zeit eine große Anzahl an Followern und damit potenziellen Kunden erreichen. Zudem bieten Memes eine Möglichkeit, mit jüngeren Zielgruppen in Kontakt zu treten, die vermehrt auf Social Media aktiv sind.

Allerdings sind auch einige Herausforderungen zu beachten. Zum einen ist die Konkurrenz im Meme-Influencing-Bereich groß. Es gibt bereits etablierte Meme-Influencer, die eine große Fangemeinde haben. Hier gilt es, sich durch einzigartige und originelle Inhalte von der Masse abzuheben. Zum anderen ist es wichtig, die rechtlichen Aspekte des Influencer-Marketings zu berücksichtigen. Werbung muss klar als solche gekennzeichnet werden, und es dürfen keine Urheberrechte verletzt werden.

Um als angehender Meme-Influencer erfolgreich zu sein, ist es ratsam, eine klare Strategie zu entwickeln. Dies beinhaltet das Identifizieren der eigenen Zielgruppe, das Schaffen einer konsistenten Markenpersönlichkeit und das regelmäßige Analysieren der eigenen Performance. Zudem ist es wichtig, sich über aktuelle Memetrends und Entwicklungen auf dem Laufenden zu halten, um relevante Inhalte zu produzieren.

Abschließend lässt sich sagen, dass das Meme-Influencing spannende Chancen bietet, um im Internet Geld zu verdienen. Mit kreativen und humorvollen Inhalten können Meme-Influencer eine große Reichweite erzielen und erfolgreich mit Marken zusammenarbeiten. Jedoch erfordert es auch eine kontinuierliche Arbeit an der eigenen Strategie und die Beachtung rechtlicher Aspekte, um langfristig erfolgreich zu sein.

Anhang: Ressourcen und Tools für Meme-Influencer

Liste relevanter Websites, Blogs und Social-Media-Accounts

Als angehender Meme-Influencer ist es wichtig, über die neuesten Trends und Entwicklungen in der Welt des Influencer-Marketings informiert zu sein. Um erfolgreich Geld im Internet zu verdienen, sollten Sie regelmäßig relevante Websites, Blogs und Social-Media-Accounts besuchen, um Ihr Wissen zu erweitern und sich inspirieren zu lassen. In diesem Abschnitt finden Sie eine Liste von empfehlenswerten Quellen, die Ihnen dabei helfen können, Ihre Influencer-Karriere auf Social Media-Seiten wie Instagram, Facebook und TikTok voranzutreiben.

Websites:

1. Influencer-Marketing.de: Eine führende Plattform für Influencer-Marketing, die über aktuelle Trends, Fallstudien und Tipps von erfolgreichen Influencern berichtet.

2. SocialMediaToday.com: Diese Website bietet umfangreiche Informationen über Social Media und Influencer-Marketing, einschließlich Strategien, Tools und Best Practices.

3. NeilPatel.com: Ein renommierter Online-Marketing-Experte, der hilfreiche Ressourcen und Anleitungen für angehende Influencer bereitstellt.

4. Later.com: Eine Plattform, die sich auf Instagram-Marketing spezialisiert hat und nützliche Tipps zur Optimierung Ihrer Instagram-Strategie bietet.

Blogs:

1. MemeMasterBlog.com: Ein Blog, der sich auf das Meme-Marketing spezialisiert hat und praktische Tipps und Ratschläge für angehende Meme-Influencer bietet.

2. InfluencerInsider.de: Ein Blog, der Insider-Informationen und Einblicke in die Welt des Influencer-Marketings liefert.

3. SocialMediaExaminer.com: Dieser Blog bietet umfassende Anleitungen und Ressourcen für Influencer und Social-Media-Experten.

4. AllFacebook.com: Ein Blog, der sich auf Facebook-Marketing spezialisiert hat und regelmäßig über die neuesten Entwicklungen auf Facebook berichtet.

Social-Media-Accounts:

1. @InfluencerMarketingTips (Instagram): Ein Account, der nützliche Tipps und Ratschläge für angehende Influencer bietet.

2. @MemeInfluencerInsights (Twitter): Ein Account, der Einblicke und Analysen zum Thema Meme-Influencer-Marketing liefert.

3. @SocialMediaGuru (Facebook): Ein Social-Media-Experte, der wertvolle Einblicke und Ressourcen für angehende Influencer teilt.

4. @TikTokMarketing101 (TikTok): Ein Account, der Strategien und Tipps zur Maximierung Ihrer Reichweite auf TikTok bietet.

Indem Sie regelmäßig diese Websites besuchen, Blogs lesen und Social-Media-Accounts folgen, bleiben Sie stets auf dem neuesten Stand der Influencer-Marketing-Branche. Nutzen Sie diese Quellen, um Ihr Wissen zu erweitern und Ihr Potenzial als Meme-Influencer auf Social Media-Seiten wie Instagram, Facebook und TikTok voll auszuschöpfen.

Empfehlungen für Tools zur Content-Erstellung und -Analyse

In der Welt des Influencer-Marketings ist es von entscheidender Bedeutung, mit hochwertigem Content herauszustechen und gleichzeitig die Leistung Ihrer Beiträge zu analysieren. Um Ihnen bei dieser Aufgabe zu helfen, haben wir eine Liste empfehlenswerter Tools zur Content-Erstellung und -Analyse zusammengestellt.

1. Canva: Canva ist ein benutzerfreundliches Design-Tool, mit dem Sie ansprechende Grafiken und visuellen Content erstellen können. Es bietet eine Vielzahl von Vorlagen und Designelementen, die Ihnen helfen, Ihre Ideen zum Leben zu erwecken.

2. Adobe Creative Cloud: Wenn Sie auf der Suche nach professionelleren Designmöglichkeiten sind, ist die Adobe Creative Cloud eine ausgezeichnete Wahl. Mit Programmen wie Photoshop und Illustrator können Sie Ihre Kreativität voll ausschöpfen und beeindruckende Inhalte erstellen.

3. Hootsuite: Hootsuite ist ein beliebtes Social-Media-Management-Tool, das Ihnen dabei hilft, Ihre Beiträge effizient zu planen und zu veröffentlichen. Es bietet auch Funktionen zur Analyse Ihrer Social-Media-Performance, sodass Sie den Erfolg Ihrer Inhalte im Auge behalten können.

4. Google Analytics: Um den Erfolg Ihrer Website oder Ihres Blogs zu messen, ist Google Analytics ein unverzichtbares Tool. Es bietet detaillierte Analysen zu Besucherzahlen, Seitenaufrufen und Verweildauer, um Ihnen Einblicke in das Verhalten Ihrer Zielgruppe zu geben.

5. Buzzsumo: Buzzsumo ist ein Tool, mit dem Sie populäre Inhalte zu bestimmten Themen finden können. Es kann Ihnen dabei helfen, Ideen für Ihren eigenen Content zu generieren und gleichzeitig Einblicke in die beliebtesten Beiträge Ihrer Mitbewerber zu gewinnen.

6. Sprout Social: Sprout Social ist eine umfassende Social-Media-Management-Plattform, die Ihnen bei der Planung, Veröffentlichung und Analyse Ihrer Beiträge hilft. Es bietet auch Funktionen zur Verwaltung von Kundensupport und zur Zusammenarbeit innerhalb Ihres Teams.

Diese Tools sind nur einige Beispiele für die Vielfalt an Möglichkeiten, die Ihnen bei der Erstellung und Analyse Ihres Influencer-Contents zur Verfügung stehen. Wählen Sie diejenigen aus, die am besten zu Ihren Bedürfnissen passen, und nutzen Sie sie, um Ihren Erfolg als Meme-Influencer auf Social-Media-Plattformen wie Instagram, Facebook und TikTok zu steigern.

Glossar der wichtigsten Begriffe des Influencer-Marketings

In der Welt des Influencer-Marketings gibt es eine Vielzahl von Begriffen, die es zu verstehen gilt, um erfolgreich als Meme-Influencer auf Social Media Seiten wie Instagram, Facebook und TikTok Geld zu verdienen. Dieses Glossar liefert eine kurze Erklärung der wichtigsten Begriffe, die Ihnen dabei helfen, sich in dieser aufregenden Branche zurechtzufinden.

1. Influencer: Eine Person, die auf Social Media Plattformen eine große Anhängerschaft hat und dadurch Einfluss auf ihr Publikum ausüben kann. Meme-Influencer nutzen humorvolle und virale Inhalte, um ihre Zielgruppe anzusprechen.

2. Follower: Die Personen, die einem Influencer auf Social Media Seiten folgen und regelmäßig seine Inhalte konsumieren.

3. Engagement: Die Interaktionen, die ein Influencer mit seinen Followern erzeugt, wie zum Beispiel Likes, Kommentare und Shares.

4. Sponsored Post: Ein von einem Influencer erstellter Beitrag, für den er von einer Marke bezahlt wird, um deren Produkt oder Dienstleistung zu bewerben.

5. Kooperation: Eine Zusammenarbeit zwischen einem Influencer und einer Marke, bei der der Influencer gegen Bezahlung oder kostenlose Produkte über die Marke spricht oder sie in seinen Beiträgen erwähnt.

6. Influencer-Agentur: Eine Agentur, die Influencer vertritt und ihnen hilft, Kooperationen mit Marken zu finden und zu verhandeln.

7. Affiliate-Marketing: Eine Marketingstrategie, bei der der Influencer Provisionen für den Verkauf von Produkten oder Dienstleistungen erhält, die er über seine Social Media Kanäle bewirbt.

8. Branding: Der Prozess der Entwicklung und Positionierung der persönlichen Marke eines Influencers, um sich von anderen abzuheben und eine treue Anhängerschaft aufzubauen.

9. ROI (Return on Investment): Die Messung des Erfolgs einer Influencer-Marketing-Kampagne, basierend auf dem Verhältnis zwischen den investierten Mitteln und dem erzielten Gewinn.

10. Influencer-Vertrag: Ein schriftlicher Vertrag, der die Vereinbarungen zwischen einem Influencer und einer Marke regelt, einschließlich der Vergütung, der Dauer der Zusammenarbeit und der Leistungen, die erbracht werden sollen.

Dieses Glossar bietet Ihnen einen Einblick in die wichtigsten Begriffe des Influencer-Marketings. Um erfolgreich als Meme-Influencer Geld zu verdienen, ist es wichtig, diese Begriffe zu verstehen und sie in Ihrer Strategie zu berücksichtigen. Nehmen Sie sich Zeit, um sich in die Welt des Influencer-Marketings einzuarbeiten und nutzen Sie dieses Wissen, um Ihre Karriere voranzutreiben.

Hier ist Platz zu deinen Notizen!

www.ingramcontent.com/pod-product-compliance
Lightning Source LLC
Chambersburg PA
CBHW050051260726
48658CB00005B/1898